INSTITUT ROYAL DE FRANCE.

RAPPORT

RELATIF AU CONCOURS OUVERT PAR L'ACADÉMIE

SUR LES MODIFICATIONS

QUE L'ADOPTION

DU SYSTÈME PÉNITENTIAIRE

NÉCESSITERAIT DANS LE CODE PÉNAL.

Par M. BÉRENGER (de la Drôme).

Lu dans la séance du 17 juillet 1841.

(EXTRAIT DU TOME IVe DES MÉMOIRES DE L'ACADÉMIE DES SCIENCES MORALES ET POLITIQUES.)

PARIS,
TYPOGRAPHIE DE FIRMIN DIDOT FRÈRES,
IMPRIMEURS DE L'INSTITUT, RUE JACOB, 56.

M DCCC XLIII.

RAPPORT

RELATIF

AU CONCOURS OUVERT PAR L'ACADÉMIE

SUR

LES MODIFICATIONS

QUE L'ADOPTION

DU SYSTÈME PÉNITENTIAIRE

NÉCESSITERAIT DANS LE CODE PÉNAL.

PAR M. BÉRENGER (DE LA DRÔME).

Lu dans la séance du 17 juillet 1841.

C'est un spectacle curieux et triste néanmoins que celui offert par les diverses législations pénales qui, dès les anciens temps jusqu'à nos jours, ont régi les peuples civilisés.

Différents de mœurs, de caractère, d'intelligence, plus ou moins avancés dans la science sociale, ces peuples ont successivement établi leurs lois répressives sur les principes les plus opposés. Tantôt l'expiation est le seul objet qu'ils aient en vue, sans s'inquiéter des suites qu'elle entraîne : c'est la

1

vengeance de la société qui s'exerce impassiblement, aveuglément, et toujours avec cruauté. Tantôt le crime n'est considéré que comme un dommage qui se résout en simple réparation civile; ou bien c'est à la vengeance privée que l'État abandonne le soin de la répression, substituant ainsi la guerre individuelle ou le duel à l'action publique. D'autres fois, et c'est un progrès, la peine est infligée dans le double but du châtiment et de l'exemple; ce n'est que dans les derniers temps qu'on a songé à lui donner un troisième caractère, la moralisation du coupable.

Mais combien d'essais n'ont pas été tentés pour tâcher de réunir le châtiment, l'exemple et l'amendement, ces trois conditions d'une bonne législation pénale! Depuis un demi-siècle et plus, les esprits s'en sont occupés avec plus ou moins de bonheur; trop souvent dominés par un sentiment de philanthropie, louable en lui-même, mais exagéré, ils ont dépassé le but, jusqu'à ce qu'enfin ils se soient accordés à reconnaître que la peine si simple de l'emprisonnement pourrait remplir le triple objet qu'on avait en vue.

Il est digne de remarque cependant que longtemps, dans la plupart des États, et même en France, jusqu'à notre grande révolution, l'emprisonnement n'était pas classé au nombre des peines; on l'employait comme mesure seulement préventive; l'homme accusé de crime, provisoirement privé de sa liberté, était enfermé le plus souvent dans un cachot malsain, où on le soumettait à toutes les privations, quelquefois à la torture, mais où on ne le retenait qu'en attendant son jugement, et jusqu'au moment où le châtiment qu'il avait encouru lui était infligé.

L'emprisonnement devenu une peine, il était facile de la

graduer, et, par sa divisibilité, de la rendre très-sévère pour les grands coupables, en la modérant pour ceux qui le sont moins ; de lui donner ainsi la forme d'un châtiment très-varié dans son infliction; de lui imprimer à un degré satisfaisant le caractère de l'intimidation; de la faire servir enfin, par les moyens de moralisation qu'on pourrait y joindre, à l'amendement du condamné.

Mais les législations qui admirent l'emprisonnement au nombre des peines, ne le considérèrent longtemps que comme un premier degré de la répression. On ne songea pas à le diversifier autrement qu'en variant sa durée, encore moins s'occupa-t-on d'en faire un moyen de moralisation.

Ce fut plus tard, en Belgique, aux États-Unis, en Suisse, en Angleterre, qu'on entra dans cette voie nouvelle qui devait tout à la fois rassurer la société et offrir à l'humanité cette consolation qu'en punissant un coupable on ne le réduirait pas, par un accroissement de corruption, à une dégradation sans espoir; mais qu'en s'efforçant, au contraire, de le rendre meilleur, on atteindrait par sa punition un double but, l'exemple et l'amendement.

Diverses formes furent données à l'emprisonnement : ici, la vie commune avec le silence; là, l'isolement absolu ; partout le travail.

Ces premiers essais provoquèrent la discussion sur la bonté comparative des systèmes; les esprits se divisèrent. De nombreux écrits, dont les plus remarquables sont dus à deux de nos honorables confrères, furent publiés, dans lesquels le sujet fut envisagé sous toutes ses faces.

L'Académie, qui prête une constante attention au progrès de l'esprit humain et à la marche des sciences placées dans son domaine, voulut, en 1836, avoir un rapport sur l'état de la question.

Alors on semblait pencher pour la simple séparation des détenus pendant la nuit, et le travail en commun avec silence pendant le jour.

Le rapport qui vous fut fait constata cet état de choses, et le sentiment presque unanime sur la préférence due à ce dernier système.

Depuis, divers gouvernements, et notamment le gouvernement français, ont donné mission à des hommes spéciaux d'aller aux États-Unis, où les deux modes d'emprisonnement sont en présence, étudier leurs moyens d'action, les comparer et apprécier celui des deux qui procure le mieux les avantages que toute bonne législation doit se proposer.

Ces études ont été faites, et bien que plusieurs des hommes qui avaient reçu cette mission se fussent déjà prononcés contre l'isolement absolu, en faveur de la séparation pendant la nuit, et du travail en commun pendant le jour; après un consciencieux examen, dont le résultat est d'autant plus remarquable qu'ils étaient de nations diverses et étrangers les uns aux autres, ils se prononcèrent à peu près unanimement, à leur retour, pour le premier système.

Leur conviction, les faits qu'ils rapportèrent, firent une grande impression; les esprits furent ébranlés, et autant l'isolement absolu avait d'abord trouvé d'opposition, autant dès lors il eut de partisans.

Cette conviction ébranla même quelques gouvernements, et ce qui pour la France n'était encore qu'à l'état de théorie, devait bientôt se convertir en faits et passer dans l'administration.

C'est ainsi qu'un essai ayant été tenté au sein de la capitale, où on soumit le pénitencier des jeunes détenus au régime de la séparation de nuit et jour, cet essai fut heureux ; les trois conditions de l'emprisonnement : le châtiment, l'intimidation et l'amendement, se trouvèrent remplies à un haut degré, sans que les craintes qu'on avait eues d'une altération dans les facultés intellectuelles ou dans l'état physique des prisonniers se fussent en aucune manière réalisées.

De tels faits devaient fixer les résolutions du gouvernement ; aussi reconnut-il que le moment était venu de faire choix entre les deux systèmes de réforme, et de demander aux chambres les moyens d'étendre celui qui serait adopté à toutes les prisons du royaume.

Quel que fût ce système, il allait exiger des modifications plus ou moins profondes à notre législation pénale.

En effet, le Code de 1810 reposait sur un seul principe, nécessité de la répression. Les théories pénitentiaires n'ayant pas encore occupé les esprits, on n'avait nullement songé à donner à la pénalité le caractère plus large et plus philosophique de l'amendement ; quel que fût le danger des récidives, on n'y avait pourvu que par une aggravation de peine ; on n'avait pas eu cette pensée, féconde par ses résultats, de faire servir le châtiment à l'exemple en même temps qu'à l'amélioration du condamné.

Dès l'instant où ce nouvel élément devait entrer dans notre législation pénale, il devenait opportun d'examiner si elle devait rester la même.

La perpétuité des peines pouvait-elle se concilier avec un régime qui allait améliorer le coupable en vue de le rendre à la société ?

2

L'infamie légale, qui dans le système actuel est attachée à des peines afflictives temporaires, pouvait-elle continuer à dégrader l'homme sans retour, et à le rendre par là incapable de reprendre sa place parmi ses semblables ?

L'échelle actuelle des peines pouvait-elle être maintenue ? Les travaux forcés à temps, infligés maintenant dans nos bagnes, n'allaient-ils pas, s'ils continuaient à subsister, détruire le bien qu'on se promettait de l'établissement d'un bon système pénitentiaire ?

Une fois la régénération des condamnés obtenue, conviendrait-il de les replacer dans la société, sans assistance, sans appui; de les laisser en butte au préjugé qui les repousse, et de les exposer ainsi à retomber par la honte dans le crime ?

La surveillance de la police, qui peut être si nécessaire dans une situation où le libéré reparaît dans nos cités avec ses vices primitifs, entretenus et aggravés par son séjour dans les prisons, ne devrait-elle pas être remplacée par un patronage éclairé, qui vînt en aide à sa faiblesse, et le garantît, lui et la société, contre de nouveaux écarts ?

Enfin, ne pourrait-on pas prévoir un temps où, après une conduite irréprochable et les meilleurs gages d'un sincère retour au bien, il serait convenable et même moral d'affranchir le libéré de toute sujétion, de ne plus laisser subsister entre lui et son patron d'autres liens que ceux qui résultent de la reconnaissance, d'une part, et de la satisfaction du bien qu'on a fait, de l'autre ?

Telles sont, Messieurs, les importantes questions dont l'établissement du régime pénitentiaire allait exiger l'examen.

L'Académie dut se préoccuper beaucoup de leur solution,

et le principe de son institution lui faisant un devoir de hâter le progrès social par tous les moyens qui lui sont donnés, elle crut devoir appeler la science, prise à son état théorique, à rechercher quelle serait la nature des modifications que l'établissement de ce régime nécessiterait.

Elle ouvrit donc un concours dont le sujet était la question suivante :

« Indiquer les moyens de mettre en harmonie le système de nos lois pénales avec un système pénitentiaire à instituer, dans le but de donner de plus efficaces garanties au maintien de la paix et de la sûreté générale et privée, en procurant l'amélioration morale des condamnés. »

Ce concours, Messieurs, a produit sept mémoires dont nous allons avoir l'honneur de vous rendre compte. Nous serons succincts à l'égard de quelques-uns, et ne nous arrêterons avec quelque étendue que sur ceux qui, par leur importance, ont plus particulièrement fixé l'attention de la section.

De ces sept mémoires, il en est quatre qui, dès l'abord, ont été écartés du concours ; ce sont ceux portant les n°s 1, 7, 3 et 6. Quelques mots sur chacun d'eux justifieront la sévérité de ce jugement.

Le n° 1, de 69 pages in-folio, porte cette épigraphe : « Le régime actuel des prisons soumet le condamné à des conditions incompatibles avec celles que la nature lui a imposées. »

L'auteur recherche d'abord les moyens de prévenir les crimes et surtout la misère qui les produit ; le meilleur, selon lui, serait d'attacher le peuple aux travaux de l'agriculture ; et pour favoriser celle-ci, il propose la création d'un système hypothécaire combiné avec l'établissement d'une banque ter-

2.

ritoriale, auprès de laquelle tout propriétaire trouverait à emprunter sur ses biens à un modique intérêt.

Pour les populations des grandes villes, il voudrait qu'on formât des ateliers de travail en même temps qu'on supprimerait les maisons de prostitution et qu'on interdirait les jeux de bourse, comme on a interdit les maisons de jeu. Mais, avant tout, il demande qu'on s'occupe sérieusement de l'instruction du peuple, et, dans cette vue, il propose la rédaction d'un Code d'instruction. publique, lequel renfermerait un catéchisme moral destiné à être enseigné gratuitement à toutes les classes et à servir de base à toute éducation.

Passant ensuite à la question pénitentiaire, l'auteur pose quelques principes qui n'ont pas le mérite d'une grande nouveauté, tels que ceux-ci : « Que le coupable devient vicieux, parce que le mal l'a corrompu ou dénaturé; que plus on le fait souffrir, plus il devient mauvais.... » Il voudrait qu'on le considérât comme un malade, et qu'au lieu de le punir, on ne s'occupât que de sa guérison....

Il se prononce pour le système cellulaire de jour et de nuit à l'égard des prévenus; et quant aux peines à infliger, il voudrait qu'elles fussent divisées en six catégories, qui comprendraient depuis une simple année d'emprisonnement jusqu'à la peine capitale.

Pour cela, il propose d'affecter à la pénalité, soit en Algérie, soit en France, des territoires de deux lieues de longueur sur deux de large, fermés de murs ou de fossés, dans lesquels on enfermerait les 3e, 4e et 5e catégories de condamnés; ils y bâtiraient des villes, ils y seraient soumis à certains travaux; et, pour empêcher leur évasion, on teindrait leurs ongles en y appliquant du nitrate d'argent, procédé qui n'a pas l'inconvénient de la marque, la couleur s'effaçant avec le temps.

L'auteur trace un plan d'organisation de ces établissements, d'où on ne sortirait pour rentrer dans la vie libre qu'après la décision d'un jury.

Enfin il offre de communiquer à l'Académie des projets de loi tout rédigés, pour accomplir les réformes qu'il indique.

Ce peu de mots doit suffire, Messieurs, pour vous faire juger ce mémoire, à l'égard duquel vous partagerez, sans aucun doute, l'opinion de la section.

Le mémoire n° 7, de 85 pages in-4°, a pour épigraphe cet axiome de Rousseau : « On n'a le droit de faire mourir, même pour l'exemple, que celui qu'on ne peut conserver sans danger. »

Ce mémoire est le fruit d'études spéculatives qui ont eu beaucoup plus pour objet de rechercher le principe des actions humaines que de leur appliquer un système de répression conforme au programme de l'Académie. L'indication de quelques chapitres peut, dès l'abord, vous faire juger la nature de ce travail ; l'un a pour titre : *du Juste en fait de droit pénal;* un autre, *de la Morale;* un troisième, *de l'Amour;* un quatrième, *de l'Égoïsme,* etc.

L'auteur paraît résumer ainsi son système : Une loi pénale et pénitentiaire devrait se diviser en deux parties : l'une, dominée par cette présomption que les individus auxquels elle s'adresse sont bons ; l'autre, qu'ils sont méchants. Chacune de ces parties se rapportant à une espèce particulière de coupables, devrait contenir des moyens d'instruction et des dispositions très-différentes.

Dans la première partie, se trouveraient prévus et définis

les crimes et les délits portés devant nos cours d'assises et
nos tribunaux correctionnels ; ces crimes et ces délits seraient
une présomption de perversité ; aucune peine perpétuelle ne
pourrait être prononcée, la sanction de la loi se bornerait
à la fixation de peines temporaires graduées sur le degré de
perversité dénoté par l'action.

Dans la deuxième partie, se trouverait l'établissement d'un
jury spécial, formant pour ainsi dire la cour d'appel des décisions prononcées par les cours d'assises et les tribunaux
correctionnels. Ce jury, qui serait composé d'intelligences
élevées, tirées des sommités de l'ordre social, de l'une des
chambres législatives, par exemple, étendrait sa juridiction
suprême sur tous les condamnés. Il se transporterait dans les
prisons, recevrait les déclarations des principaux employés;
il interrogerait les gardiens, ainsi que les détenus, et après
avoir apprécié la conduite des condamnés, il lui appartien-
drait de proroger, pour un temps fixé, leur sortie des prisons, ou de proposer à l'autorité royale de leur remettre une
partie de la peine. En restituant sa liberté au condamné, il
proclamerait la cessation de tout danger, résultant de l'emploi qu'il pourrait en faire, et par là on mettrait un terme
à l'infamie et à la répulsion qui s'attachent au libéré, rendu
à la vie sociale, et qui le replongent trop souvent dans le
crime.

Si, à ces divers moyens proposés dans le but de garantir
la société des récidives, on joint, selon l'auteur du mémoire,
certaines modifications dans les dispositions du Code , on
aurait concilié ce que réclame le maintien de l'ordre général
avec le respect que demandent les intérêts et les droits du
coupable. Si on y ajoute encore l'établissement de maisons

de surveillance et de travail destinées à recueillir les libérés à leur sortie des prisons, à leur procurer des moyens d'existence, sans contrainte, sans aucun caractère correctionnel, on aurait fait un grand pas vers le bien, vers l'ordre et l'amélioration de l'état social.

Ce mémoire, qui du reste est bien écrit, et qui annonce dans son auteur un homme habitué à réfléchir, dans lequel la question proposée par l'Académie est envisagée, ainsi que je l'ai déjà fait pressentir, sous un point de vue plutôt spéculatif que pratique, n'a pas paru, malgré son mérite relatif, avoir satisfait aux conditions du programme. La section a donc cru devoir l'écarter du concours.

C'est à regret aussi qu'elle se voit obligée d'en écarter le mémoire n° 3, de 336 pages in-4°, avec cette épigraphe tirée des écrits du duc de la Rochefoucauld-Liancourt : « La punition doit avoir pour objet l'amendement du coupable, et lui en fournir les moyens. »

Ce mémoire, très-étendu, traite exclusivement *de la déportation et des avantages qui résulteraient de la substitution de cette peine à celle des travaux forcés ;* il était dès lors trop en dehors des conditions du programme pour qu'il pût être permis à la section de s'y arrêter.

Toutefois, je répète que c'est à regret ; la question de la déportation y est savamment discutée ; et si cette question était quelque jour agitée par les pouvoirs législatifs, en vue de lui donner une solution, on ne pourrait que retirer beaucoup de lumières de cet important travail.

L'auteur du mémoire n° 6, petit in-folio de 365 pages, annonce que son travail est le fruit de douze années d'observations et de quatre mois d'un constant labeur. Il a pris pour

épigraphe ce passage du *Livre des Rois* (liv. II, verset 19) :
« Levez-vous devant les cheveux blancs, et respectez la per-
« sonne du vieillard; » voulant indiquer par là que l'éducation de la jeunesse est un moyen de donner les plus efficaces
garanties à la paix publique.

La religion est la base principale des améliorations que
propose l'auteur, et c'est le plus souvent dans les livres saints
qu'il puise ses préceptes.

Ce travail a été certainement inspiré par les plus nobles
sentiments d'humanité et de charité; de là une mansuétude,
une indulgence pour les faiblesses humaines, qui influent trop
souvent peut-être sur les opinions qui y sont exprimées.

Quel que soit le mérite de ce mémoire, quelque recom-
mandables qu'aient dû nous paraître certaines des parties
qui y sont traitées, il nous serait difficile d'en rendre un
compte qui satisfît l'Académie. Il ne paraît pas que l'auteur
ait eu de plan, ses idées ne s'enchaînent pas, et on a de la
peine à les suivre à travers un grand nombre de chapitres
qui n'ont entre eux aucun lien, et qui ne découlent pas les
uns des autres.

Nous tâcherons toutefois de faire sortir de cette confusion
ce qu'il y a de plus saillant.

L'auteur insiste souvent sur la nécessité d'une éducation
nationale; « l'établir sur la double base de la religion et de
la législation, c'est l'organiser, dit-il, sur la base de la sagesse. » Aussi s'approprie-t-il cette pensée de Fénelon, que
« la jeunesse étant la fleur d'une nation, c'est dans la fleur
qu'il faut attaquer le fruit. » Et comme la multiplicité des
délits vient le plus souvent de l'ignorance des peines, il trouverait convenable qu'on eût dans les écoles un catéchisme

de législation, comme on y a un catéchisme religieux. Du reste, l'auteur n'indique pas d'autre mode d'éducation.

Dans un chapitre sur la prévention, il trouve avec raison qu'on s'est beaucoup plus occupé d'améliorer le sort des condamnés que celui des prévenus. Il demande, comme tous les bons esprits, que ces deux classes de détenus soient séparées; il voudrait que le bénéfice de la liberté provisoire sous caution fût plus largement étendu, car celui qui a été en prison, ne fût-ce qu'un instant, et lors même que l'erreur dont il est l'objet a été promptement reconnue, en reçoit un dommage irréparable; il voit se former contre lui des préventions qu'il lui est bien difficile de surmonter; conséquence inévitable, soit du fait même de la poursuite, soit de la conviction générale que le séjour des prisons est corrupteur.

L'auteur s'élève contre l'emprisonnement pour dettes, contre la détention pour délits politiques, contre les bagnes, dont il demande la suppression, contre l'exposition publique, et surtout contre la peine de mort, qu'il voudrait voir remplacer par la réclusion perpétuelle.

Il se montre plein d'indulgence pour certains crimes contre les personnes, tels que l'adultère, l'infanticide, le duel et le suicide. Il croit que l'homicide par imprudence serait suffisamment puni par une amende.

Il considère la surveillance de la haute police non-seulement comme la plus cruelle des peines, mais comme la plus inefficace; surveillance qui entraîne, dit-il, l'État à de grandes dépenses sans utilité pour la sûreté publique, puisque sur cent libérés soumis à la surveillance, les deux tiers au moins se font arrêter de nouveau, et que l'autre tiers se cache pour ne pas obéir.

L'auteur fait de nos prisons et de la dépravation qui y règne un tableau qui n'est point exagéré ; aussi appelle-t-il de tous ses vœux l'établissement d'un bon système pénitentiaire ; pour les condamnés à temps, il voudrait la séquestration de nuit et de jour ; pour les condamnés à perpétuité, l'isolement pendant la nuit, et le travail en commun pendant le jour avec d'autres condamnés, au nombre de neuf à douze seulement. Dans ce système, le condamné qui, après vingt ans, aurait été classé parmi les vingt meilleurs sujets, pourrait se racheter ; alors il aurait le choix d'une petite habitation coloniale dans nos possessions d'outre-mer, ou de son admission dans une maison d'épreuves.

Quatre prisons soumises à un régime particulier remplaceraient les bagnes ; d'autres seraient consacrées spécialement aux femmes ; et, excepté le directeur et le greffier, ces dernières prisons ne recevraient d'autres employés que des personnes du sexe.

Les pénitenciers, construits sur un plan panoptique rayonnant, seraient placés dans des lieux élevés, de manière à ce que chaque condamné pût voir la campagne et contempler les scènes muettes de la nature ; ils seraient divisés par quartiers, selon l'âge et le caractère des détenus, selon leur degré de perversité ou d'amendement. Ainsi, il y aurait le quartier des amendés de 1re, 2e et 3e classes, celui des éprouvés, ceux des paresseux, des indolents, des récalcitrants, et enfin le quartier où seraient placées les cellules ténébreuses de punition.

La journée, partagée entre le travail et l'instruction, s'écoulerait rapidement ; le dimanche serait consacré à de pieuses lectures, et la musique, qui adoucit les mœurs, serait accordée ce jour-là comme délassement.

Enfin, Messieurs, l'auteur voudrait qu'on organisât pour toute la France un vaste patronage destiné à remplacer la surveillance de la haute police et à exercer sur les libérés ou graciés sa protection tutélaire.

Ce mémoire, nous ne saurions trop le répéter, est l'œuvre d'un homme de bien qui a été fortement impressionné par le mal dont notre société est travaillée, et qui a consciencieusement recherché les moyens d'y porter un remède efficace; son travail se distingue par une haute moralité, mais il renferme peu d'idées neuves : celles qui pourraient paraître telles seraient peu applicables; si elles étaient adoptées, il en résulterait pour la répression des crimes un relâchement qui ne tarderait pas à produire de pernicieux effets, et qui conduirait à un résultat certainement bien opposé à celui que la philanthropie de l'auteur s'est proposé.

Enfin, la confusion des matières et le peu d'ordre qui règne dans cette production s'opposaient à ce qu'elle fût admise à concourir.

Tels sont, Messieurs, parmi les mémoires présentés, ceux que la section a cru devoir écarter.

Le mémoire n° 4, de 121 pages in-folio à mi-marge, est d'un ordre plus élevé, et mérite que nous nous y arrêtions davantage; il se divise en quatre parties :

Dans la première, l'auteur porte ses investigations sur le régime actuel des prisons et sur leur population habituelle. Il montre ce qu'est cette population dans une maison chef-lieu de département; il la décompose, il la fractionne. Les ouvriers de fabrique y entrent, selon lui, pour 2/10, les au-

3.

tres ouvriers de diverses professions pour 1/10, les cultiva-
teurs pour 1/10, les vagabonds et mendiants, presque tous
valides, pour 2/10, les voleurs d'habitude ou récidivistes
pour 2/10; les deux autres dixièmes comprennent les gens
de toutes classes : sur ce nombre, dans lequel il entre beaucoup de délinquants forestiers, les orphelins et les enfants
naturels sont à la totalité comme 3 est à 10.

Après avoir analysé cette population si diverse, l'auteur
l'observe à la cantine, à la pistole, où ceux qui ont de l'argent trouvent le moyen d'adoucir leur peine; il les suit dans
les diverses situations où le séjour de la prison peut les placer; il décrit chaque classe de détenus, et peint surtout le
vagabondage d'une manière frappante de vérité, quoique
quelquefois avec trop peu de gravité.

Ce coup d'œil jeté sur une prison conduit l'auteur à remarquer que les peines ne sont pas subies avec égalité, et,
d'un autre côté, que tous les détenus, quoique placés dans la
même catégorie, ne peuvent tous être mis sur la même ligne,
les uns devant appeler l'indulgence, tandis que les autres méritent un traitement sévère. De là, la nécessité de réclamer
une extension de la bienfaisance publique, afin d'arracher à
la misère et à l'immoralité une foule de malheureux qui, dans
l'état actuel des choses, semblent prédestinés à la prison.
Mais on ne peut demander à la loi une charitable prévoyance,
sans lui demander en même temps la suppression de rigueurs
inutiles en matière préventive.

C'est à signaler les améliorations désirables à cet égard
que l'auteur consacre la seconde partie de son mémoire.

Il demande d'abord la suppression de la cantine et de la
pistole dans les maisons d'arrêt et de justice, ce qui exige-

rait nécessairement quelques améliorations dans le couchage et le régime alimentaire de la maison.

Il appelle l'attention de l'administration sur le personnel des employés, dont le salaire n'est point assez élevé, et dont le choix doit être environné de précautions.

Il croit que les associations de charité pourraient venir en aide à la classe nombreuse des pauvres, et offrir un secours efficace pour la solution d'une question du plus haut intérêt, celle qui aurait pour but la recherche de mesures préventives contre la possibilité des délits.

Trois catégories d'individus, les orphelins et les enfants naturels, les délinquants forestiers, et les mendiants et vagabonds, forment environ la moitié des détenus que reçoivent habituellement les prisons chefs-lieux de département et d'arrondissement. L'auteur pense qu'on pourrait amender ces trois catégories sans être obligé de recourir à des moyens coercitifs.

Quant à la première, celle des orphelins, il propose de soumettre l'administration, qui déjà recueille les enfants abandonnés, à l'obligation de les recevoir dans les hospices, et de les arracher par là à la misère, à la dépravation, et en définitive à la prison. C'est, dit-il, l'indifférence de la société à leur égard qui cause leurs fautes. L'auteur se livre à des calculs d'où il résulterait, selon lui, que la dépense de l'orphelin à l'hospice serait bien moindre que sous les verrous; qu'ainsi, sous le point de vue moral comme sous le point de vue financier, il y aurait avantage pour l'administration à en prendre soin dès le moment où il est privé de ses parents.

Relativement aux délinquants forestiers, que la misère a conduits à dérober quelques morceaux de bois pour se chauffer, comme ils ne sont passibles que d'amendes, et que la loi ne prononce contre eux la contrainte par corps que parce qu'ils sont dans l'impossibilité de les payer, ils ne doivent être considérés que comme des détenus pour dettes. Dès lors il s'agirait de leur fournir les moyens de se libérer, en leur procurant du travail, ce qui serait facile si on les employait, soit à la réparation des chemins publics, soit aux ouvrages communaux, et en faisant quotidiennement une retenue sur leurs prix de journée; par là l'administration se couvrirait de dépenses considérables, qui, pour certains départements, ne s'élèvent pas, en frais de détention, en amendes et frais non recouvrés, à moins de 42,000 fr., et à 74,000 fr. si on y joint 32,000 fr. pour valeur des journées de main-d'œuvre perdues pendant la détention; dépense totale de plus de 6 millions pour toute la France.

Les prisons, dans certaines localités, perdraient ainsi, au grand avantage de la morale publique, un cinquième de leur population.

Quant à la troisième catégorie, qui comprend les mendiants et les vagabonds, l'auteur voudrait qu'on supprimât les articles du Code qui les concernent, et qu'on les remplaçât par d'autres dispositions, qui soumettraient cette classe d'individus à travailler dans des colonies agricoles, où on les occuperait suivant leurs forces et leur intelligence. Il y aurait encore économie pour le fisc.

En procédant ainsi, ajoute l'auteur, il serait permis d'espérer qu'on parviendrait à réduire d'une manière notable le nombre des malheureux qui, dans l'état actuel des choses, n'ont d'autre perspective que celle de passer une partie de leur vie dans les prisons.

L'auteur s'occupe ensuite de la détention préalable, qui n'est, selon lui, qu'un moyen de garantie provisoire contre les coupables ; sous ce point de vue, elle est non-seulement salutaire, mais indispensable ; cependant, comme un individu n'est pas coupable par l'effet seul de la prévention ou de l'accusation, la loi doit agir avec une grande circonspection. A cet égard, l'auteur proposerait de remplacer l'état actuel des choses par d'autres dispositions, qui prescriraient l'assignation à bref délai de l'inculpé, directement devant la chambre du conseil du tribunal, lequel rendrait, le cas échéant, une ordonnance de non-lieu, ou, si l'inculpé n'était passible que de six mois et moins d'emprisonnement, et s'il n'était ni vagabond ni repris de justice, mais domicilié dans le ressort du tribunal, l'ajournerait à huitaine devant les juges correctionnels ; le condamné défaillant serait seul mis en état d'arrestation.

Par ce moyen, le nombre des détentions préventives serait considérablement réduit, et les prisons déchargées d'autant ; elles le seraient bien plus encore si les libertés provisoires sous caution étaient rendues plus faciles par l'abaissement du cautionnement, si elles étaient étendues aux accusés, si les sessions des assises étaient tenues plus souvent, par exemple, tous les deux mois, au lieu de l'être quatre fois par an seulement, ce qui abrégerait encore d'un tiers la durée de la détention préalable, et diminuerait dans la même proportion toutes les dépenses qui en sont la suite.

Après avoir ainsi indiqué les moyens de limiter à un moindre nombre et à une durée moindre aussi les détentions préventives, l'auteur, dans la troisième partie de son mémoire, s'occupe de l'établissement du système pénitentiaire.

Sa théorie, à cet égard, est qu'il faut emprisonner le moins possible, et que, quand l'emprisonnement est indispensable, il ne faut faire concourir les rigueurs de la justice qu'à l'amendement. Pour cela, il voudrait que la durée des peines fût restreinte proportionnellement à l'aggravation résultant du système de l'emprisonnement.

Il propose d'abord la suppression de la surveillance de la haute police. En matière correctionnelle, cette surveillance serait avantageusement remplacée par la peine du travail, qui serait infligée aux mendiants et aux vagabonds, et par le patronage pour les autres délits. En matière criminelle, un système de colonisation des condamnés libérés, dont nous parlerons bientôt, la rendrait tout à fait inutile. Les peines qui n'excèdent pas deux mois d'emprisonnement seraient maintenues; toutes les autres seraient réduites, savoir : celles de deux mois à un an, d'un tiers; celles d'un à dix ans, de moitié; celles au delà de dix ans, de deux tiers; enfin, celle des travaux à perpétuité serait limitée à dix ans.

Des dénominations existantes, il ne serait conservé que les trois suivantes, peines de simple police, peines correctionnelles, et peines afflictives et infamantes.

Les peines seraient subies, savoir :

Celles d'un jour à deux mois, dans les maisons de peine d'arrondissement; celles de deux mois à un an, dans les maisons correctionnelles de département; celles d'un an et au-dessus dans les maisons de force ou pénitenciers.

Les bagnes seraient supprimés.

Toutes les prisons seraient construites ou divisées de manière à ce que tous les détenus fussent soumis à l'isolement de nuit seulement, dans les prisons départementales et d'arrondissement, ainsi que dans les maisons d'arrêt et de justice, et à l'isolement complet dans les pénitenciers ; le travail ne serait obligatoire que dans ceux-ci et dans les maisons correctionnelles de département.

L'auteur s'occupe ensuite du personnel des employés des prisons : comme la surveillance des autorités locales n'est jamais bien active, il voudrait que le directeur de la prison du chef-lieu de la préfecture eût sous son administration tous les directeurs ou gardiens des autres prisons du département; qu'il fût tenu de les visiter au moins six fois par an, et d'adresser au préfet des rapports circonstanciés de ces visites.

Nous ne suivrons pas l'auteur dans le développement de son système relativement aux maisons d'arrêt et de justice, aux maisons de peines, aux maisons de correction et aux pénitenciers; pour les unes, il veut, ainsi que je viens de le dire, l'isolement pendant la nuit, le travail en commun, le silence ; pour les autres l'isolement absolu, et pour toutes une instruction morale et religieuse.

La quatrième partie du mémoire est consacrée à sonder la plaie que les récidives font à la société. Pour les prévenir, il recourt au patronage, qui serait institué dans chaque chef-lieu d'arrondissement, et qui exercerait sa tutelle sur les libérés correctionnels, lorsqu'ils auraient subi une première condamnation à l'emprisonnement de deux mois et au-dessus. Pour les condamnés criminels, il voudrait la colonisation à l'extérieur, avec le secours d'une législation spéciale et préventive. A cet égard, il se demande si la société aurait le droit d'expatrier cette catégorie de libérés? Il n'hésite pas à décider l'affirmative; nos lois prononcent déjà le bannissement et la déportation, elles pourraient donc, par analogie, pro-

4

noncer la colonisation ; d'ailleurs, dans le système proposé, la durée des peines étant considérablement réduite, cette réduction doit trouver sa garantie dans une mesure efficace, que l'intérêt de la société justifierait suffisamment.

C'est en Algérie que l'auteur voudrait réaliser son plan de colonisation ; la femme et les enfants du libéré auraient la faculté de le suivre, et après dix ans de séjour, le droit de retour dans la mère patrie, ou de domicile sur un autre point de l'Algérie, lui serait acquis, lorsque sa conduite aurait été exemplaire et qu'il aurait amassé un certain pécule.

Ce mémoire, Messieurs, nous paraît être l'œuvre d'un homme qui a une grande pratique de nos institutions judiciaires, et qui paraît posséder à merveille tous les détails de l'instruction. Les moyens qu'il indique pour diminuer le nombre des détentions préventives et pour abréger leur durée méritent de fixer l'attention du législateur ; s'ils ne sont pas tous propres à atteindre le but que l'auteur se propose, quelques-uns y parviendraient certainement. Jusqu'ici, en effet, on ne s'est point assez préoccupé des funestes effets de l'emprisonnement préventif. Sans doute cet emprisonnement est souvent nécessaire, l'intérêt de la société le commande ; mais là où la nécessité cesse, la citation à bref délai devant la chambre du conseil, la liberté provisoire avec un cautionnement réduit, devraient suffire. C'est ce que l'auteur a parfaitement compris et expliqué ; aussi cette partie de son mémoire est-elle digne de tous les encouragements de l'Académie.

Il a paru moins pénétré de son sujet lorsqu'il a traité du système pénitentiaire en lui-même, et des modifications dans notre Code pénal que l'adoption de ce système doit entraîner : comme c'est en cela principalement que consistait le programme, la section a dû se montrer plus sévère. Les lois spéciales sont éminemment positives ; il n'en est pas dans nos sociétés modernes qui ne reposent sur un système ; il fallait donc caractériser celui du Code qui nous régit, montrer en quoi ce système allait être altéré par l'élément nouveau que le régime pénitentiaire devait introduire dans la pénalité ; étudier, rechercher le principe, ou, si l'on veut, le motif de chaque disposition répressive, lui comparer le principe qu'on allait lui substituer, et en faire découler, comme une conséquence naturelle et nécessaire, les modifications proposées.

Il est vrai de dire aussi que cette partie du mémoire est écrite avec une rapidité extrême, que l'auteur, qui paraît exercé, pressé sans doute par le temps, s'est plutôt arrêté à la sommité des choses qu'il n'a cherché à les approfondir ; son travail, sous ce rapport, laisse donc à désirer.

Mais tout ce qui dans son œuvre est relatif aux emprisonnements préventifs a trop d'importance et présente trop d'idées neuves et justes, pour que, nonobstant l'imperfection des autres parties, la section puisse se refuser à réclamer en sa faveur une mention honorable.

Il nous reste maintenant à vous rendre compte des deux mémoires sur lesquels la section a le plus particulièrement fixé son attention.

Le mémoire n° 5, de 199 pages in-folio, porte cette épigraphe : « Pour qu'il y ait harmonie dans les institutions d'un peuple, il faut que leur passé, leur présent, leur avenir, se lient entre eux comme trois propositions d'un syllogisme, et que ce qui est soit la raison de ce qui a été, comme le principe de ce qui sera. »

Par cette épigraphe, qui est extraite de l'introduction du

4.

mémoire, l'auteur cherche à expliquer comment il a cru utile, pour la solution du problème à résoudre, de faire d'abord l'histoire de la législation pénale, et particulièrement de l'emprisonnement, depuis les Romains jusqu'à nos jours.

154 pages sur 199 y sont consacrées.

Comme cette partie est en dehors des conditions du programme, nous nous bornerons à y jeter un coup d'œil rapide.

Rome païenne n'avait pas d'autre système de pénalité que l'expiation brutale et la vengeance : sous l'empire du christianisme et du droit canon, la pénalité prit le caractère de l'expiation morale et du repentir. La prison, qui jusque-là n'était pas au nombre des peines, en devient une.

Sous les lois barbares, les crimes se rachètent, la vengeance privée est substituée à la vindicte publique; la prison ne figure plus dans l'échelle des peines; ce n'est que sous la seconde race qu'elle commence à y être placée. D'ailleurs le Code théodosien demeure la loi de tous ceux qui veulent s'y soumettre.

Sous l'ordonnance de 1670, il y a autant de prisons que de juridictions, et cependant la prison n'est pas au nombre des peines; celles-ci sont atroces, la question est infligée avec cruauté, et l'intimidation est le seul principe de la pénalité.

La législation de 1790 ouvre une ère nouvelle, mais on se jette dans un excès contraire : l'intérêt du condamné est plus écouté que celui de la société, qui se trouva souvent désarmée.

Par la législation de l'an IV, la Convention modifie sans les changer les errements de l'Assemblée constituante; toutefois l'intérêt de la société, plutôt que celui du condamné, forme la base de ses incriminations et de ses pénalités.

Dans le Code de 1810, la nécessité d'une forte répression devient la seule règle : le législateur fait revivre la marque, la confiscation et les peines perpétuelles abolies par l'Assemblée constituante; il introduit la surveillance de la haute police, et établit une classification dans les diverses prisons de l'Empire.

Sous la Restauration, il n'est fait aucun changement à ce Code, mais la Société royale des prisons est fondée; animée d'un sentiment de philanthropie très-prononcé, elle s'occupe d'adoucir le sort des condamnés, et elle se livre à cette tâche avec une charité si peu mesurée, qu'en beaucoup de lieux la peine disparaît sous les améliorations matérielles.

En 1832, nos lois pénales sont modifiées : on atténue les peines, sans rien changer au Code utilitaire de 1810, et on introduit dans le Code d'instruction criminelle cette disposition importante qui appelle les jurés à apprécier la nature et le caractère des faits par la déclaration des circonstances atténuantes.

Enfin et en dernier lieu, le gouvernement présente aux chambres un projet de loi sur la réforme des prisons, qui, cette fois, a pour base les trois conditions essentielles de toute pénalité, la répression ou le châtiment, l'intimidation ou l'exemple, et la réforme morale des condamnés.

Tel est, Messieurs, un aperçu bien succinct de cette partie du mémoire; elle est traitée largement; l'auteur y fait preuve d'une grande érudition, et le discernement avec lequel il attribue à chaque législation le caractère qui lui est propre, ne laisse rien à désirer. Si l'Académie eût mis au concours une histoire de la pénalité, il aurait certainement

pu, par cette partie de son travail, mériter vos suffrages ;
toutefois, pour qu'on ne pût pas la considérer comme abso-
lument étrangère à son sujet, il s'est attaché, en suivant la
peine de l'emprisonnement dans ses diverses phases, à montrer qu'elle avait successivement fini par absorber toutes les
autres, ou du moins, comme il le dit, par les fondre telle-
ment en elle, que bientôt, de toutes les pénalités du Code, la
prison restera seule debout, et qu'après avoir pris une telle
importance dans nos mœurs et dans nos lois, il y a eu nécessité pour le gouvernement de s'en occuper sérieusement.

C'est ainsi que l'auteur a cherché à lier l'historique de
l'emprisonnement à l'établissement du système pénitentiaire
dont les chambres sont actuellement saisies, et aux modifications dans le Code pénal que cet établissement doit néces-
siter.

Voyons maintenant comment est traitée cette partie de son
mémoire, qui entre plus spécialement dans le programme de
l'Académie.

Il pense d'abord qu'on ne peut réformer la peine de l'emprisonnement, non plus que la prison qui en est la formule,
sans coordonner cette réforme avec les principes généraux
de la pénalité.

Deux écoles sont en opposition depuis dix ans : le point
de la dispute est de savoir quel est, du principe pénal ou du
principe pénitentiaire, celui qui doit l'emporter, à l'exclusion
de l'autre, dans la réforme qu'il s'agit d'opérer. L'auteur
pense qu'aucun d'eux ne doit prévaloir exclusivement, et
que le principe mixte qui est appelé à dominer dans la prison est celui qui doit dominer dans le Code.

Il importe, selon lui, que toute loi pénale comprenne deux

éléments distincts et pourtant liés l'un à l'autre, à savoir :
l'incrimination de l'acte et la punition de l'agent.

Quant à l'incrimination, de quelque manière qu'on l'envisage, on est conduit à conclure qu'elle ne peut avoir sa
source morale que dans l'intérêt de la société ; et, quant à la
punition de l'agent, comme elle ne peut dériver d'un autre
principe que l'incrimination de l'acte, il est évident que l'utilité pénale doit être aussi la base de la punition.

Ce n'est ni l'intimidation, ni l'expiation, ni la moralisation
du coupable qui constituent la fin de toute peine légale, mais
ce sont autant de moyens qui, seuls ou combinés, peuvent
conduire à cette fin, laquelle ne saurait être autre que le
maintien de l'ordre dans la société.

L'auteur résume donc ses principes généraux par cette formule, que la punition a pour but et que l'incrimination a
pour cause *l'ordre social.* Dès lors, le système pénal n'a
qu'une fin à se proposer, celle d'arriver à ce but par l'établissement de peines qui y correspondent, et par un choix
de moyens propres à l'atteindre.

Cela posé, l'auteur examine ce qui manque, sous ce rapport, à notre législation pénale, et quelles sont les modifications qu'il convient d'y apporter.

Le Code de 1810 est basé sur le principe utilitaire ; son
système de pénalités et d'incriminations doit donc rester en
dehors de toute réforme. Il s'agit seulement de rechercher si
les formes pénales de ce Code sont toujours identiques à son
principe, et spécialement si la prison est instituée et régie
de manière à ce que la société y trouve sa garantie, et le condamné le moyen d'y devenir meilleur.

L'auteur pense qu'il n'en est pas ainsi, sans toutefois qu'il trouve nécessaire de se livrer à une refonte générale des dispositions de ce Code; il suffit de modifier celles de ces dispositions qui se rapportent aux travaux forcés, à la réclusion, à la détention et à l'emprisonnement, sans toucher à celles qui concernent les crimes, les délits et la contravention.

Il faut seulement abolir ou modifier les peines incompatibles avec la réforme pénitentiaire qu'on veut introduire; or, cette incompatibilité est flagrante en plusieurs cas, et, par exemple, comment pourrait-on introduire comme principe dominant dans nos Codes le principe pénitentiaire, en y laissant subsister les peines perpétuelles, l'exposition et les peines infamantes ?

Le système pénitentiaire ne peut embrasser que les peines qui consistent dans la privation temporaire de la liberté; celles que le repentir ne peut racheter, comme la mort et les peines perpétuelles, doivent rester en dehors : l'auteur ne les rattache donc pas à son plan de réforme.

Il réduit à trois les éléments constitutifs de toute peine :

1° L'élément satisfactoire, ou l'expiation ;

2° L'élément exemplaire, ou l'intimidation ;

3° L'élément pénitentiaire, ou le repentir. Ce sont, comme nous l'avons dit en commençant, les trois conditions désormais reconnues nécessaires pour l'établissement de toute pénalité.

En déterminant le caractère que doit avoir chacun de ces éléments, l'auteur repousse la tendance de quelques philanthropes, qui, pour établir le système pénitentiaire selon leurs vues, ne voudraient pas seulement modifier les parties vicieuses de notre législation pénale, mais l'anéantir en totalité, et la réédifier sur une base toute contraire à celle qui existe.

Procédant aux seules modifications qu'il croit utiles, l'auteur rejette d'abord de la nomenclature du Code la qualification d'*infamante,* à quelque peine qu'elle se trouve appliquée, car une peine n'est pas infamante parce que le législateur lui attribue ce caractère, mais parce que l'opinion publique lui en imprime le sceau.

Ce retranchement opéré, les peines devraient être ainsi classées :

1° Afflictives ;

2° Non afflictives ;

3° Pénitentiaires.

Dans les premières seraient la mort, dont l'auteur considère la conservation comme indispensable, quoiqu'en dehors, comme il l'a déjà dit, du système pénitentiaire ; les travaux forcés à perpétuité, ou peines perpétuelles dont l'efficacité préventive ne peut être contestée, et qui sont aussi en dehors du système ; la déportation, sur l'établissement de laquelle il ne faut rien préjuger ; la détention qui, en l'absence d'un lieu de déportation, et vu l'insuffisance et même le danger du bannissement, a été introduite en 1832.

Les peines non afflictives seraient :

1° Le bannissement;

2° La dégradation civique ;

3° L'interdiction à temps de certains droits civiques, civils ou de famille ;

4° L'amende.

Ces peines sont, plus encore que les précédentes, en dehors de toute idée pénitentiaire; mais elles n'ont par elles-

5

mêmes rien de contraire au système qui se rattache à ces idées.

Enfin, les peines proprement pénitentiaires seraient :

1° Les travaux forcés à temps;

2° La réclusion ;

3° L'emprisonnement.

L'auteur avait d'abord pensé qu'il serait utile de restreindre l'appellation de *correctionnelles* aux peines que les art. 67 et 69 du Code pénal prononcent contre les accusés de moins de seize ans qui sont déclarés avoir agi avec discernement, attendu qu'à cet âge il ne peut s'agir ni d'expiation, ni d'intimidation, ni de repentir, mais bien seulement de correction ; mieux réfléchi, et pour ne pas détruire l'économie du Code, il a renoncé à proposer cette innovation.

La nomenclature nouvelle des peines ne porterait aucune atteinte à leur effet; mais tout condamné aux travaux forcés, à la réclusion, à la détention ou à l'emprisonnement, devrait être condamné non-seulement aux frais du procès, mais encore à ceux qu'entraînerait son séjour dans la prison pour peines. Il voudrait que les parents et les communes en fussent récursoirement responsables, ce qui les forcerait à une surveillance active sur ceux de leurs membres dont les écarts seraient à redouter.

Nous nous arrêterons un moment sur cette dernière opinion. Sans doute on peut admettre que le condamné soit soumis à indemniser l'État, sur le produit de son travail, des dépenses que son emprisonnement a occasionnées, puisqu'en réalité on ne ferait que lui appliquer le principe juste et moral consigné dans notre législation civile, que tout individu est tenu de la réparation du dommage qu'il a causé.

Mais y aurait-il justice à rendre les familles et les communes responsables des actions de l'un de leurs membres? Si on admettait un tel recours, ne serait-ce pas rétrograder aux âges de barbarie? L'auteur du mémoire a pu se laisser influencer par les dispositions de la loi du 10 vendémiaire an IV, qui rendaient les communes responsables des délits commis à force ouverte sur leur territoire par des attroupements, lorsqu'elles n'avaient rien fait pour empêcher le désordre : dans ce cas, on conçoit que la commune qui a laissé les rassemblements se former, qui n'a fait aucun effort pour les dissiper, peut être jusqu'à un certain point considérée comme complice, et comme solidaire à ce titre, dans la réparation du dommage; mais lui appliquer la même responsabilité, l'appliquer également à la famille, lorsqu'il s'agit d'un crime privé, commis dans l'ombre, et que le plus souvent aucune surveillance n'aurait pu ni prévoir ni prévenir, ce serait chose si monstrueuse, qu'on n'oserait la proposer à aucune assemblée législative.

L'auteur s'étonne ensuite avec raison de ce que notre Code pénal, si clair, si précis sur les signes matériels et constitutifs des diverses peines qu'il prononce, soit muet sur le caractère essentiel de l'emprisonnement; ce Code s'est borné à déléguer à l'administration publique le soin de faire en son nom le *règlement* du régime intérieur de toutes les prisons de France; il n'a point cherché à constituer pénitentiairement ce régime.

L'auteur est ainsi conduit à exposer les inconvénients de la vie commune dans les prisons, de cette vie qui est, selon lui, la pierre d'achoppement de tous les réformateurs. Ceuxci cependant se sont accordés sur un point, c'est que le seul

5.

remède à appliquer au principe contagieux du régime actuel, est la séparation des détenus entre eux; mais ils diffèrent sur le mode de cette séparation.

L'auteur se prononce pour ce qu'il appelle *le système fran-çais* qui exclurait *le silence absolu*, *la solitude absolue, les conversations libres* et *la vie en commun des détenus.* C'est ce système qu'a adopté la commission de la chambre des dé-putés chargée de l'examen du dernier projet de loi sur la réforme des prisons, et que le rapporteur a particularisé en l'appelant le système de *l'emprisonnement individuel.*

L'individualité dans la peine, et non la solitude dans la prison, telle serait la base fondamentale de ce système. Sé-paré de jour et de nuit, travaillant seul, le détenu serait journellement en contact avec un nombre d'employés et de vi-siteurs honnêtes plus que suffisant pour que cette distraction, jointe à celle du travail industriel, de l'école, de l'office di-vin, des instructions religieuses, fût aussi favorable à sa santé qu'à son amendement et au développement de sa raison, tout en conservant à la peine le caractère de répression et d'inti-midation qu'elle ne doit jamais perdre.

Ce système, selon l'auteur, a l'avantage de donner *satis-faction* à la vindicte publique, en faisant *expier* son crime au coupable; d'*intimider* par l'*exemple* ceux qui seraient ten-tés de l'imiter; enfin d'occasionner, si ce n'est d'assurer, l'*a-mendement* pénitentiaire du condamné, en rendant son *re-pentir* possible, sinon certain, par la force même de la peine subie.

Ces dernières paroles donneraient lieu de penser que l'au-teur n'est pas très-ferme dans l'opinion que l'*emprisonnement individuel* puisse complétement produire l'amendement du coupable en provoquant son repentir. Cependant il n'hésite pas à dire que cette forme d'emprisonnement réunit seule les trois éléments constitutifs de la peine, tels qu'il les a définis plus haut, et que s'il n'est pas sûr qu'elle rende les détenus *meilleurs,* il est certain du moins qu'elle les empêche de *devenir pires,* cette peine réunissant d'ailleurs toutes les autres conditions d'une bonne répression, en ce qu'elle est personnelle, universelle, certaine, égale, divisible, réparable et juste.

Afin de ne pas aggraver les peines, l'auteur voudrait que leur durée commençât non du jour où la condamnation est devenue irrévocable, mais du jour de la détention préventive, puisque c'est depuis ce jour que le condamné a commencé à être atteint corporellement.

L'auteur examine ensuite les diverses sortes de prisons dans le système de l'emprisonnement individuel.

PRISONS PRÉVENTIVES.

Le prévenu devrait y être seulement séparé des autres détenus, en conservant d'ailleurs toute la liberté que peut comporter sa situation.

PRISONS POUR PEINES.

Le condamné serait soumis au travail dans son isolement; mais le produit devrait lui en appartenir, à charge de rembourser, jusqu'à due concurrence, les avances faites par l'État pour son entretien dans la prison.

Maisons de travaux forcés.

Destinées à remplacer les bagnes, elles seraient également soumises au régime de l'emprisonnement individuel, soit qu'il s'agît de travaux forcés à perpétuité, soit qu'il s'agît de travaux forcés à temps.

A l'objection tirée de l'inutilité de l'aggravation de l'isolement pour le condamné à perpétuité, puisqu'il ne doit pas être replacé dans la société, l'auteur répond, 1° qu'il peut y rentrer par l'évasion ou par l'obtention de sa grâce; 2° que le condamné à temps, soumis à l'isolement, ne doit pas envier le sort d'hommes qui, plus coupables que lui, auraient cependant la douceur de vivre en commun.

Mais, comme la commission de la chambre des députés, il voudrait que le condamné aux travaux forcés à perpétuité ne fût soumis à l'emprisonnement individuel que pendant le maximum de la durée de la peine des travaux forcés à temps, après quoi l'administration pourrait le rendre à la vie commune dans une prison spéciale, où ne se trouveraient que des condamnés qui auraient satisfait à cette première condition pénale.

Ainsi l'auteur semble se mettre en contradiction avec lui-même, puisqu'il vient de reconnaître le danger de la vie commune pour l'homme qui, par l'évasion ou par l'obtention de sa grâce, peut reporter dans la société les vices dont il n'aura pas été corrigé.

Maisons de détention.

Les condamnés politiques renfermés dans ces maisons,

aux termes de l'article 20 du Code pénal modifié, ont la faculté de communiquer avec leurs codétenus, et la commission de la chambre des députés a proposé de les laisser jouir de cette faculté. L'auteur du mémoire ne partage pas cet avis : il pense que laisser cette classe de condamnés communiquer ensemble, c'est les exciter à mettre en commun leur haine et leurs projets de vengeance contre le Gouvernement, et à ourdir de nouveaux complots pour le temps de leur libération; c'est donc autant dans leur intérêt que dans celui de la société, que leur séparation est nécessaire.

MAISONS DE RÉCLUSION.

Même emprisonnement individuel pour les détenus; seulement, comme cette peine est d'un degré au-dessous de la peine des travaux forcés à temps, il y aurait moins de rigueur dans le régime disciplinaire.

MAISONS D'EMPRISONNEMENT.

La séparation des détenus serait égale; mais le régime disciplinaire serait encore adouci.

MAISONS DE CORRECTION DES JEUNES DÉTENUS.

Pour celles-là l'auteur ne propose pas de règle uniforme; il laisse à l'administration la faculté d'appliquer aux individus renfermés par application des articles 66, 67 et 69 du Code pénal, le système de l'emprisonnement individuel ou en commun, celui des colonies agricoles ou industrielles, ou celui des libertés provisoires et des apprentissages au dehors.

MAISONS SPÉCIALES DE FEMMES.

La raison et les bonnes mœurs commandent de ne confier qu'à des femmes libres la garde des femmes détenues; celles-ci seraient d'ailleurs également soumises à l'emprisonnement individuel.

Après avoir indiqué le régime de ces diverses prisons, l'auteur pense qu'on ne peut l'adopter sans modifier considérablement la durée des peines.

Il propose donc de les réduire, savoir :

De quatre à douze ans pour les travaux forcés à temps;

De cinq à neuf ans pour la détention;

De quatre à huit ans pour la réclusion;

De vingt-quatre heures à quatre ans pour l'emprisonnement simple, avec faculté d'abaisser encore ces peines d'après l'article 463 du Code pénal.

La commission de la chambre des députés avait proposé pour les condamnés aux travaux forcés à temps, dont le maximum est de vingt ans, de ne les soumettre à l'emprisonnement individuel que pendant les douze premières années, et, après l'expiration de leur temps, de leur faire achever leur peine en commun.

L'auteur du mémoire repousse ce système, par la raison que le principal mérite, comme le but de l'emprisonnement individuel, est d'empêcher les récidives, en ôtant aux détenus la possibilité de se reconnaître après leur libération.

Or, le bénéfice des douze années d'emprisonnement individuel serait perdu pour le condamné aux travaux forcés à temps, s'il pouvait achever sa peine avec d'autres hommes corrompus.

Cette opinion de l'auteur fait ressortir plus vivement ce qu'il y a de contradictoire dans celle qu'il a émise relativement aux condamnés à perpétuité, pour lesquels il a proposé la vie en commun après l'accomplissement du maximum de la durée de l'emprisonnement cellulaire.

L'auteur ne pense pas que le système d'emprisonnement individuel une fois établi, la surveillance de la haute police ait tous les inconvénients qu'on lui reproche maintenant : il propose de la maintenir telle qu'elle est restreinte dans le Code modifié; mais, pour qu'elle produise tous ses fruits, il voudrait la compléter par l'institution du patronage; il voudrait aussi qu'on laissât aux juges la faculté d'en réduire la durée ou même d'en dispenser, et aux libérés les moyens de s'en affranchir par des gages certains de bonne conduite.

Le patronage, appliqué depuis plusieurs années aux jeunes libérés du département de la Seine, a fourni, selon l'auteur, des faits assez concluants pour qu'on ne puisse plus douter de ses bienfaits. La France a une organisation administrative et judiciaire si parfaite, qu'il est facile de placer chaque libéré sous la tutelle officieuse d'un patron; c'est à lui que serait remise la somme dont le libéré aurait à se prévaloir, après que l'État se serait remboursé de ses dépenses, et le patron l'emploierait à lui procurer du travail et à subvenir à ses besoins. Afin que le patronage ne manque jamais de ressources, les masses des détenus décédés lui appartiendraient; déjà ces masses, réunies dans une caisse particulière, atteignent cinq millions de francs. Cette somme est en

6

dehors des perceptions du budget, elle renferme l'avenir du
système pénitentiaire; car sans patronage il n'y a pas de
système pénitentiaire possible, et sans secours à accorder
aux libérés, le patronage serait impuissant.

L'auteur demande donc que le législateur pose le principe
du patronage dans son Code, et que le Gouvernement se
hâte de l'organiser, et d'en étendre les bases dans toutes les
parties du royaume.

« L'argent est dans ses mains, dit-il, il ne coûte rien aux
contribuables; il provient des détenus, il retournera à des
détenus; quel plus moral usage peut-on en faire, lors surtout que la diminution des crimes et des récidives résultera
de son emploi bien ordonné? »

L'auteur ne voudrait rien changer aux prescriptions de
notre Code sur la réhabilitation; mais dans un système qui
abolit les peines infamantes, la réhabilitation est un baptême
auquel doivent être admis tous ceux dont le repentir a effacé
la souillure de leur condamnation; il propose donc de re-
trancher de l'art. 619 du Code d'instruction criminelle les
mots à une *peine afflictive* ou *infamante*, et de substituer à
la rédaction de l'art. 633 celle de l'art. 10 du titre VII du
Code pénal de 1791, attendu que le premier fait cesser seulement les incapacités qui résultaient de la condamnation, et
que le second fait cesser, dans la personne du condamné ré-
habilité, *tous les effets* de cette condamnation.

L'auteur propose ensuite des modifications aux dispositions du Code, relatives à la liberté individuelle. Il voudrait
que la liberté provisoire sous caution fût étendue aux accusés, et qu'on étendît également aux matières criminelles
la faculté de décerner des mandats de comparution.

Enfin, il s'élève contre l'introduction dans notre Code des circonstances atténuantes, qui, selon lui, donnent lieu aux décisions les plus scandaleuses : il leur préférerait le mode usité en Angleterre, qui consiste à autoriser le jury à recommander l'accusé à l'indulgence de la cour. Nous reviendrons plus tard sur une opinion si légèrement avancée, et qui tendrait à accréditer une trop grave erreur, pour ne pas rendre nécessaire, au sein de cette Académie, une complète réfutation.

L'auteur termine en formulant un projet de loi destiné à réaliser les modifications qu'il propose d'introduire dans notre législation pénale.

Telle est, Messieurs, l'analyse, trop étendue, peut-être, de l'un des deux mémoires qui, par leur importance, nous ont paru mériter une attention particulière.

La partie la plus remarquable de ce mémoire est sans contredit celle qui renferme l'historique de la pénalité, et particulièrement de l'emprisonnement depuis les Romains jusqu'à nous; l'auteur, ainsi que nous l'avons déjà fait pressentir, a dû faire une sorte d'effort pour lier cette partie à son sujet : on serait même tenté de croire qu'écrite précédemment, et dans un autre but, il a profité du concours que vous avez ouvert pour l'utiliser en la rattachant à la question. Nous n'avons pas trouvé que cette excursion dans le passé, qui offre sans doute de l'intérêt sous le point de vue scientifique, eût beaucoup éclairé le sujet que l'auteur était spécialement appelé à traiter, et sur lequel il devait naturellement concentrer toutes ses forces.

Il faut dire aussi que, lorsque l'Académie propose une question, il est du devoir des concurrents de se renfermer

6.

dans les limites qui leur sont tracées ; que, s'ils ne le jugent
pas à propos, ce doit être à leurs risques et périls, à condition que la partie du mémoire qui sort de ces limites, quel
que soit d'ailleurs son mérite, n'influera pas sur le jugement
de l'Académie et ne pourra pas être opposée à ceux qui se
seront plus scrupuleusement conformés aux conditions de
son programme.

Ainsi, Messieurs, tout en reconnaissant la valeur de
la partie historique du mémoire n° 5, nous n'avons dû
la prendre qu'en faible considération, pour juger celle
dans laquelle le sujet que vous avez proposé a été réelle-
ment traité.

Quant à celle-ci, nous avons fait ressortir, en l'analysant,
quelques contradictions, quelques vues peu applicables, et
en dehors même du principe de justice qui doit dominer
toute législation pénale, ainsi que certains jugements erro-
nés sur quelques dispositions de nos lois : on a pu remarquer
aussi qu'à beaucoup d'égards l'auteur a pris ses inspirations
dans le rapport de la commission de la chambre des députés
relatif au projet de loi présenté par le Gouvernement sur la
réforme de nos prisons. Il s'en écarte rarement : peut-être
était-ce une des difficultés du sujet. Mais si cette partie du
mémoire renferme des imperfections, si on y trouve peu d'idées
neuves, on ne peut contester à l'auteur le mérite d'avoir
maîtrisé son sujet et résumé avec une clarté remarquable,
en le coordonnant dans un système qu'il se rend propre, tout
ce qui a été publié à cet égard, et comme ce système forme
avec la partie historique un ensemble qui a dû exiger de
grandes recherches, et qui a certainement son utilité pour
la science, la section, si elle n'a pas cru devoir vous proposer

de décerner le prix à l'auteur, l'a cependant jugé digne de recevoir les encouragements de l'Académie.

Il me reste à vous entretenir du mémoire n° 2, de 323 pages in-4°. Il se divise en deux parties : la première a pour épigraphe ce passage du *Traité de droit pénal* de notre honorable confrère M. Rossi : « Il en est du système pénal « comme de tout autre système d'idées. L'homme ne saurait « le concevoir dans toute son étendue et dans toute sa pureté, « avant que l'esprit humain ait subi le travail de la civili- « sation. »

La seconde partie a pour épigraphe cet autre passage du même auteur : « L'emprisonnement est la peine par excellence « dans les pays civilisés. »

L'auteur, dans la première partie, développe d'abord une théorie du droit pénal; il examine ce que c'est que la peine, quel est son but, à quelles conditions elle est légitime, à qui est dévolu le droit de l'appliquer, quels effets elle doit produire, et quelles sont les qualités qu'elle doit avoir.

Il ne reconnaît pas à la justice pénale d'autre origine que la justice divine; la peine est, selon lui, la rétribution du mal pour le mal; elle est la sanction de la loi morale violée; son action doit être limitée au seul cas où l'homme nuit à l'homme. Elle doit être *juste*, c'est-à-dire qu'en frappant un acte immoral, elle doit être en rapport avec son immoralité intrinsèque. Elle doit être *utile*, c'est-à-dire qu'elle doit garantir un droit qui, sans elle, resterait sans protection. Enfin, s'il est permis à la société de punir les infractions à la loi morale, c'est parce qu'elle y a un intérêt de conservation, et que Dieu, en donnant à l'homme la vie et les autres biens dont il jouit, a dû lui attribuer la faculté et lui imposer

même le devoir de tout faire sans excéder ce qui est juste
pour les conserver ; c'est là le seul but de la peine, c'est aussi
sa limite; quand l'intérêt cesse, le droit cesse avec lui, et
toute peine qui dépasserait ce que cet intérêt exige serait
illégitime.

Pour être efficace, pour que la société jouisse de la protection dont elle a besoin, la peine doit produire l'intimidation
et la réforme; *l'intimidation*, parce qu'il est bon que la société vive en paix sous l'égide des lois; *la réforme*, parce
qu'il importe qu'elle ne soit pas exposée à être attaquée deux
fois par le même individu.

Mais il ne suffit pas que la peine soit juste, utile, efficace,
elle doit encore être *morale;* elle doit aussi être *personnelle*
et ne pas frapper l'innocent pour atteindre plus sûrement le
coupable; elle doit encore être *divisible* afin de pouvoir être
graduée selon les cas; *rémissible*, c'est-à-dire ne pas laisser
de traces de son application quand elle est accomplie; *exemplaire,* parce que c'est le moyen le plus sûr d'inspirer l'intimidation ; *égale* pour tous , autant que la nature des choses
le permet, et enfin *réparable,* afin de permettre d'indemniser,
en cas d'erreur , celui qui l'a soufferte , du mal qu'on lui a
fait.

Je me suis arrêté, Messieurs, à ces idées générales sur le
principe de la pénalité, afin de montrer de quelle manière
l'auteur envisage son sujet.

C'est sous l'influence de ces idées préliminaires qu'il examine notre Code pénal. En opposition sur ce point avec l'auteur du précédent mémoire, il voit avec regret que nulle part
dans ce Code, ni dans les discussions qui l'ont précédé, on
ne trouve la preuve que ses rédacteurs aient arrêté un

système; ils ont appliqué une peine à chaque délit, instinc-
tivement peut-être, mais jamais on n'aperçoit une théorie
invoquée à l'appui des raisons données; on voit seulement
qu'ils ont voulu imprimer un salutaire effroi, ce qui les a
amenés à exagérer souvent la répression : aussi, quoique
arrêtés quelquefois par les mœurs ou par les souvenirs de
l'Assemblée constituante, rétablirent-ils la marque, la confiscation, les peines perpétuelles, que cette assemblée avait
abolies : tout fut sacrifié à l'intimidation.

L'auteur critique la classification des infractions en con-
traventions, délits et crimes ; il se prononce contre les peines
infamantes qui affectent moralement l'homme après sa libération.

La peine de mort, qui ôte à la répression le caractère rémissible et réparable qu'elle ne doit jamais perdre, peut,
selon l'auteur, avoir son utilité dans l'état actuel de notre
société, mais elle ne doit être réservée que pour l'assassin;
car la vie étant le bien le plus précieux de l'homme, un bien
qu'on ne peut lui rendre lorsqu'on l'en a privé, il est utile de
le protéger contre ceux qui veulent le lui enlever. L'infanticide ne devrait pas être puni de la même peine : quelque
immoral que soit ce crime, on doit prendre en considération
le sentiment de honte qui le fait commettre, sentiment qui
est quelquefois irrésistible. L'auteur ne voudrait pas non plus
que la peine capitale fût infligée à ceux qui ont donné la
mort en commettant d'autres crimes, mais sans intention de
la donner; ainsi, il voudrait qu'on fît descendre la peine
d'un degré, lorsque la mort a suivi la castration, la séquestration avec torture, ou l'incendie d'une maison habitée. Il
pense aussi qu'on ne pourrait trop tôt supprimer les bagnes,

le génie du mal n'ayant, selon lui, rien inventé jusqu'ici de plus pernicieux ; il reconnaît que la peine de la déportation est éminemment pénitentiaire. Quelques difficultés que puisse rencontrer l'établissement de ce dernier genre de répression, il ne pense pas qu'il présente un problème impossible à résoudre. La déportation, si elle est envisagée sous un autre point de vue que l'Angleterre, qui la considère seulement comme un moyen d'intimidation et comme un préservatif contre les récidives, peut être une peine bonne en elle-même ; mais, dans l'état actuel de l'opinion en France, il est peu probable qu'elle soit adoptée.

Le bannissement s'approprie à certains cas ; il est intimidant, car l'éloignement forcé de la patrie et l'abandon de la famille seront toujours une chose grave.

L'auteur s'élève contre l'infamie attachée à certaines peines, contre la mort civile qui est une suite des peines infamantes perpétuelles, et qui présente une question de droit civil plutôt qu'une question de droit criminel, motif pour lequel elle fut conservée en 1832. Tout le monde alors était d'accord pour la proscrire ; mais on ne pensa pas que la chose fût possible à l'occasion d'une loi sur le Code pénal.

L'auteur voudrait qu'on la remplaçât par l'interdiction légale qui existe déjà pour les condamnés aux travaux forcés à temps, à la détention et à la réclusion.

La peine de la dégradation civique lui paraît essentiellement mauvaise, et lui semble devoir être supprimée. Elle n'a aucune analogie avec les délits qu'elle punit ; infamante de sa nature, elle a tous les inconvénients attachés à ces sortes de peines ; elle devrait être remplacée par l'emprisonnement.

L'auteur ne réprouve pas, autant qu'on le fait généralement, la surveillance de la haute police, création toute française, et que les codes des autres nations ont tous repoussée; il croit qu'avec des modifications elle serait bonne et utile; il ne pense pas qu'elle puisse être remplacée par le patronage, ni qu'elle doive l'exclure.

L'amende, qu'il ne faut pas confondre avec les réparations civiles, réunit en théorie, selon lui, presque toutes les conditions que doit avoir une peine pour être bonne; elle est appréciable, divisible, réparable et personnelle; mais elle offre des difficultés dans l'application, car le payement en est poursuivi par la voie de la contrainte par corps qui est toute civile, et elle se trouve ainsi, pour les insolvables, convertie en emprisonnement, ce qui est une aggravation. Cet état de choses ne saurait subsister : c'est le Code pénal, et non la loi civile, qui doit faire cette conversion; l'auteur propose de prendre pour base un jour de prison pour dix francs d'amende, sans que la détention puisse excéder une année ou être moindre d'un jour, et en laissant au juge une grande latitude pour le minimum et le maximum dans tous les cas où l'amende est prononcée.

L'auteur pense que le surcroît de peines prononcées dans le cas de la récidive est une injustice.

S'il y a eu un premier crime, le récidiviste en a été puni; l'en punir une seconde fois, c'est violer à son égard la règle *non bis in idem*. Cette opinion était celle de notre savant et regrettable confrère M. Carnot; on sent tout ce qu'elle a de contestable; au surplus, on peut dire que la société, par le peu de soin qu'elle a pris jusqu'ici de moraliser les condamnés, a bien sa part de responsabilité sur ce point. L'auteur voudrait seulement que dans ce cas la peine ne pût jamais

7

dépasser le maximum, et que, de la part des juges, cette aggravation fût facultative.

Cette première partie du mémoire est terminée par des réflexions pleines d'intérêt sur les grâces accordées aux condamnés. Si le système cellulaire était adopté, le travail préparatoire qu'elles exigeraient serait difficile, car les individus qui se conduiraient bien étant en grande majorité, comment faire un choix parmi eux? Les grâces perdraient d'ailleurs de leur utilité, comme secours prêté à la discipline. Ce secours deviendrait sans objet, et l'on pourrait renoncer à un usage entaché d'un vice capital, celui d'être trop souvent un encouragement et une récompense pour l'hypocrisie. En effet, le condamné devra (selon MM. Crawford et Russel) se bien pénétrer de cette pensée, que désormais il n'aura à attendre de la justice humaine que l'entière et inévitable exécution de sa sentence. La conduite du détenu en prison doit être récompensée ou punie, selon qu'elle est bonne ou mauvaise, mais elle ne peut jamais lui donner des droits à sa grâce; car l'obéissance à la règle n'est pas seulement un devoir pour lui, c'est une peine. L'auteur du mémoire ne prétend cependant pas qu'il faille abolir le droit de grâce (qui est d'ailleurs dans la Charte); il subsisterait toujours, mais il ne faudrait l'exercer que dans des circonstances particulières, et, au lieu d'être fréquentes, elles devraient être rares et exceptionnelles.

Dans la deuxième partie de son mémoire, l'auteur retrace les divers systèmes d'emprisonnement admis en France depuis l'Assemblée constituante; il examine aussi les diverses classifications de détenus, proposées par les auteurs qui ont écrit sur ces matières, et qui auraient lieu, soit d'après la

peine encourue et la nature des crimes, soit d'après la conduite du détenu et sa moralité, soit d'après la position du
condamné avant son jugement; il examine enfin et compare
les deux systèmes d'Auburn et de Philadelphie, dont il énu-
mère tour à tour les avantages et les inconvénients; et c'est
après avoir consacré près de cent pages à discuter avec le
plus grand soin toutes les formes d'emprisonnement, toutes
les classifications proposées, et les deux systèmes de vie commune en silence et d'isolement, qu'il se prononce pour ce
dernier.

Avec l'isolement, selon lui, on peut réunir dans un même
local des individus de toutes les catégories; les prisons diverses et les classifications deviennent inutiles; la durée des
détentions peut être abrégée, tout en établissant une intimidation plus grande; on prévient complétement la corruption
mutuelle; on rend les révoltes impossibles; le travail devient
une habitude et un bienfait; on force les détenus à la réflexion
et à un retour sur eux-mêmes; l'emprisonnement cellulaire
est éminemment divisible; il est susceptible d'être modifié
jusqu'à la mansuétude, et d'atteindre jusqu'au plus haut
point d'énergie. Il offre enfin cet avantage, qu'au sortir de
la prison les libérés ne sont pas exposés à retrouver leurs
compagnons de captivité, à renouer des entreprises coupables avec eux, et qu'ils sont reçus par le monde et leur famille avec bien moins de répugnance que dans le système de
l'emprisonnement en commun.

Après s'être prononcé en faveur de ce système, l'auteur
croit inutile de conserver nos trois degrés d'emprisonnement;
les mêmes pénitenciers, selon lui, suffiraient à tout; les peines
ne devraient être différenciées que par la durée.

7.

Pour fixer ces nouvelles limites, il serait mieux sans doute, dit-il, de revoir tout le Code pénal, article par article; mais si le travail paraissait trop vaste, on resterait dans l'esprit du Code et dans les limites de la justice, en décidant en règle générale :

1° Que le minimum des travaux forcés à temps serait élevé à six ans, et le maximum abaissé à douze;

2° Que dans tous les cas où (cette modification admise) le Code prononce les travaux forcés, cette peine serait remplacée par un emprisonnement cellulaire pour le même temps ;

3° Que la réclusion serait remplacée par un emprisonnement cellulaire d'une durée égale à la moitié de cette peine;

4° Que dans tous les cas où le Code prononce l'emprisonnement correctionnel, il serait remplacé par l'emprisonnement cellulaire d'une durée égale au tiers.

Ainsi l'emprisonnement s'élèverait par degrés, et à mesure que les délits augmenteraient de gravité,

> De six jours à deux ans,
> De trois ans à cinq ans,
> De six ans à douze ans.

On resterait par là dans l'esprit du Code, remplaçant ainsi chaque adoucissement qu'il a voulu introduire dans l'intensité de la peine, par une diminution proportionnellement plus grande dans sa durée.

La question du travail joue un trop grand rôle dans le système pénitentiaire pour que l'auteur du mémoire ait pu négliger de la traiter.

Il apprécie les plaintes que l'industrie libre forme contre le travail des prisonniers : ces plaintes peuvent avoir quelque

fondement, en ce que la production à bas prix dans une
localité peut nuire aux fabricants à qui la main-d'œuvre
coûte un salaire plus élevé, quoique cependant on puisse
dire que, si le détenu jouissait de sa liberté, le produit de
son travail, quel qu'il fût, ferait également concurrence à
l'industrie libre. Dans tous les cas, on remédierait en partie
à cet inconvénient en occupant les prisonniers, comme en
Hollande et en Belgique, à confectionner les objets nécessaires au vêtement et à l'équipement de l'armée, au service
des hôpitaux et des prisons; l'État serait seul alors produc-
teur et consommateur de ses produits.

Parmi les condamnés cependant, il en est beaucoup qui
appartiennent à la population rurale; leur enseigner un mé-
tier, n'est-ce pas les arracher aux champs et augmenter, au
détriment des campagnes, la population ouvrière des villes?
L'auteur n'est pas partisan du développement extraordinaire
de l'industrie ni des agglomérations d'ouvriers, l'atelier où
ils sont réunis étant le plus souvent un lieu de corruption
pour eux; il aime l'industrie dans les chaumières, au milieu
des champs, occupant l'agriculteur pendant le repos que lui
laissent les travaux de la terre, telle qu'elle existe dans certains départements où elle est une source de richesses et de
bien-être : ainsi considérée, elle n'offre pas d'inconvénients,
et les libérés aideraient à l'y transporter.

L'auteur examine ensuite, au point de vue pénitentiaire
des art. 15, 21, 40 et 41 du Code pénal, la part à accorder
au détenu sur son travail.

Il considère comme fondamentaux les deux principes sui-
vants : 1° que le Gouvernement doit à tous ceux que sa justice a condamnés à être enfermés, ce qui est nécessaire à leur

existence, qu'ils puissent ou non l'indemniser par leur travail; 2° que les détenus doivent travailler, parce que le travail fait partie de leur peine ; ce n'est pas l'administration qui le leur impose, c'est la loi. Il est le principal agent de la réforme.

D'après cela, le détenu n'a aucun droit à une partie quelconque de son travail, pas plus qu'à une indemnité pour la privation de sa liberté : le travail et la prison sont les deux parties de sa peine. Cependant, comme récompense, comme moyen pénitentiaire, l'auteur ne refuse pas d'accorder une part du produit du travail au détenu : ce ne serait pas, comme dans quelques pénitenciers des États-Unis, après que celui-ci aurait gagné la somme que coûte son entretien ; mais il voudrait que le travail fût tarifé à la pièce et selon sa valeur, qu'un minimum de tâche en rapport avec les forces du condamné fût fixé, et que chaque détenu pût espérer une partie du produit pour tout ce qui excéderait cette tâche. Toutefois, le maximum atteint, et lors même que le détenu voudrait renoncer à tout espoir de pécule, il ne lui serait pas permis de se reposer, le travail devant être continuel et rien ne pouvant l'en dispenser. Dans tous les cas, le refus de travail serait puni par la cellule ténébreuse, la réduction de nourriture et autres moyens de discipline. Il serait fait deux parts des gratifications : l'une formerait la masse de réserve du détenu, l'autre la quotité dont il pourrait disposer avec l'agrément du directeur.

L'auteur s'occupe ensuite des peines perpétuelles. Il n'est pas partisan de l'abolition de la peine de mort, et, celle-ci étant maintenue, il trouve une si grande distance entre elle et les peines temporaires, que, pour la combler, il croit à la nécessité de conserver la perpétuité, qu'il voudrait placer dans la déportation ; mais comme il reconnaît la difficulté de réaliser celle-ci, il proposerait d'établir des maisons spéciales, soumises à un régime particulier, dans lesquelles les détenus seraient soumis au système cellulaire la nuit seulement, travailleraient en commun et en silence pendant le jour, et pourraient communiquer ensemble pendant les repas et aux heures des promenades dans les préaux ; comme ces condamnés ne doivent jamais rentrer dans la société, et que, pour eux, l'auteur n'admet pas les grâces, ces communications seraient sans inconvénient : mais la demande de ceux qui voudraient être cellulés, vivre et travailler seuls, serait toujours accueillie.

Les considérations auxquelles l'auteur se livre sur le caractère et les causes qui conduisent les femmes aux crimes méritent d'être appréciées. Il ne pense pas que le système pénitentiaire puisse leur être appliqué ; elles doivent être traitées plus doucement que les hommes, seuls susceptibles, selon lui, d'être soumis à ce régime : encellulées la nuit seulement, avec travail en commun pendant le jour et un demi-silence, sous la surveillance des sœurs de charité.

Quant aux jeunes détenus, il voudrait que la question de discernement, posée jusqu'à seize ans, fût reculée jusqu'à dix-huit ; mais il n'adopterait le système cellulaire absolu que pour les enfants renfermés par voie de correction paternelle ; il le repousse pour les jeunes délinquants, qu'il voudrait voir placer dans des colonies agricoles ; aussi s'élève-t-il contre le nouveau régime auquel le pénitencier de la Roquette a été soumis ; il le compare à celui de la colonie de Mettray, et il donne la préférence à ce dernier.

Si l'auteur a raison dans le jugement qu'il porte de cette
colonie, il montre qu'il n'a point assez étudié le système introduit au pénitencier de la Roquette, et qu'il ne s'est pas
assez rendu compte de la différence qui existe entre ces deux
établissements; tous deux ont leur utilité, sans avoir rien de
commun; destinés l'un et l'autre à pourvoir à des besoins
différents, ils ont dû être institués sur des bases différentes;
mais les succès obtenus à la Roquette, et qui sont constatés
tout à la fois par les rapports de M. le préfet de police et par
les comptes rendus de la Société pour le patronage des jeunes libérés de la Seine, justifient pleinement la bonté du
système qui y a été introduit, comme ils paraissent décisifs
pour celui qui devra être appliqué aux diverses prisons du
royaume.

L'auteur s'élève ensuite contre l'art. 271 du Code pénal,
dont il demande l'abrogation; cet article, qui soumet pour
toute peine les jeunes vagabonds au-dessous de seize ans à
la surveillance de la haute police, devrait, selon lui, être
remplacé par le renvoi dans un lieu de correction.

Il reconnaît la difficulté de fonder des pénitenciers pour
les jeunes filles; elles ne sont pas heureusement assez nom-
breuses pour qu'on puisse leur consacrer des établissements
spéciaux. Il ne voit aucun inconvénient à les placer, comme
aux États-Unis, dans des quartiers séparés des pénitenciers
destinés aux jeunes garçons; elles y confectionneraient les
vêtements et le linge, s'occuperaient des soins du ménage,
et rendraient une foule de services. Sans être effrayé du danger qui pourrait en résulter, il voudrait même que de temps
en temps, à la chapelle ou dans d'autres occasions choisies
avec discernement, les détenus des deux sexes eussent la

faculté de se voir ; il en résulterait, selon lui, des sympa-
thies qui, sous la direction de l'aumônier, pourraient conduire à la formation d'unions légitimes. L'Académie jugera
tout ce qu'il y a d'illusion dans une semblable espérance!

Du reste, d'accord en cela avec les partisans des deux
systèmes d'emprisonnement, l'auteur reconnaît la nécessité
de la séquestration cellulaire pour les prévenus et pour les
accusés adultes, en la rendant aussi douce que possible.

Enfin, Messieurs, les sociétés de patronage sont aussi pour
lui le complément du système ; elles devraient être répandues
sur toute la surface de la France, particulièrement dans les
villes où il existerait des pénitenciers ; il serait inutile qu'elles
fussent constituées sur un plan uniforme ; chaque localité
adopterait celui qui s'approprierait le mieux à sa situation ;
elles étendraient leur action bienfaisante non-seulement sur
les libérés, mais encore sur les prévenus, pour donner des
secours, soit à eux-mêmes lorsqu'ils sortent de prison, soit à
leurs familles pendant la détention ; on communiquerait à
ces sociétés les notes prises sur le libéré à la prison lors de
son jugement; on leur confierait sa masse, dont elles dispo-
seraient dans son intérêt ; elles pourraient même la retenir
en tout ou en partie, s'il se conduisait mal ; le libéré serait
tenu de résider dans le lieu qu'il aurait désigné d'accord avec
l'administration, laquelle ne s'occuperait plus de lui ; il ne
pourrait changer de résidence qu'avec l'autorisation du mi-
nistre de l'intérieur ; s'il en changeait sans cette autorisation,
il perdrait sa masse, qui serait acquise à la caisse des secours
de la société ; il serait puni pour ce fait, et, à l'expiration de
sa peine, placé sous la surveillance la plus rigoureuse de l'administration.

8

Les femmes seraient soumises au même patronage, et, pour elles, des maisons de refuge seraient ouvertes, si on ne trouvait à les placer convenablement.

Mais le patronage ne devrait pas précéder la réforme, il devrait la suivre et la couronner ; autrement on s'exposerait à de graves mécomptes, et à compromettre une institution qui est appelée à rendre les plus grands services à la société.

Tel est, Messieurs, le dernier mémoire dont nous avions à vous rendre compte.

L'auteur, loin de sortir, comme le précédent, des limites tracées par votre programme, s'y est constamment renfermé ; en traitant le sujet donné, il a souvent fait preuve d'une haute raison ; dans une matière où l'imagination peut si facilement égarer, où l'amour exagéré du bien expose à manquer le but en le dépassant, il a su, hors quelques cas rares, se tenir en garde contre ce danger.

Mais si ce mémoire, par la sagesse avec laquelle il est écrit, a un mérite que la section se plaît à reconnaître, s'il peut offrir des faits aux discussions législatives qui vont prochainement s'ouvrir, on est à regret forcé de lui adresser le même reproche qu'à l'auteur du mémoire n° 5, celui de renfermer peu d'idées neuves, et de n'être en quelque sorte qu'un résumé de celles déjà répandues dans la plupart des ouvrages où les mêmes matières sont traitées.

Il est d'ailleurs facile de s'apercevoir que l'auteur a peu visité les prisons, et qu'il est demeuré entièrement étranger à leur régime ; on doit supposer que, s'il les eût mieux connues, certaines de ses opinions en auraient été modifiées. Si ces divers motifs ne permettent pas de lui décerner le prix, comme son travail a été, ainsi que le précédent, le fruit de laborieuses et patientes études, comme plusieurs parties en sont traitées avec une supériorité réelle, la section vous proposera de lui accorder un égal encouragement.

Mais le jugement qu'il porte sur les circonstances atténuantes étant le même que celui déjà signalé dans le mémoire précédent, c'est pour nous le moment de déférer au vœu de votre section de législation, en démontrant combien ce jugement est erroné.

La pensée qui fit introduire les circonstances atténuantes dans notre Code fut profonde et mûrement réfléchie.

On était frappé du nombre considérable d'acquittements prononcés par les cours d'assises; plus les crimes étaient grands, plus ces acquittements se multipliaient : on remarquait que le jury se déterminait difficilement à provoquer par son verdict l'application d'une peine excessive; que sa répugnance à rendre surtout une décision d'où pouvait résulter l'infliction de la peine capitale devenait de plus en plus manifeste; on reconnaissait que cette répugnance, qui témoignait de son horreur pour le sang, faisait l'éloge du pays; on trouvait que, s'il y avait danger à supprimer la peine de mort, il y avait au moins utilité à diminuer le nombre des cas où elle serait infligée, et que si, par suite de l'abaissement des peines, la répression était moins forte, elle en deviendrait plus efficace, un plus grand nombre de coupables allant se trouver atteints.

On ne se dissimulait pas qu'en appelant le jury à apprécier le caractère et la moralité des faits dont jusque-là il n'avait eu qu'à constater l'existence, on allait sensiblement modifier son institution; mais devait-on, par cette seule considération,

8.

hésiter à lui attribuer sa part dans une appréciation dont les effets allaient être si salutaires ?

Les résultats ont prouvé combien les vues du législateur étaient justes.

En effet, les acquittements par les cours d'assises, qui, avant 1832, étaient pour les grands crimes, ceux emportant peine capitale, presque constamment de moitié et plus, ont diminué notablement. Les statistiques criminelles de 1839, récemment publiées, en offrent la démonstration la plus complète. Deux périodes y sont mises en regard; l'une embrasse les années 1825 à 1830, l'autre comprend les quatre années 1836, 1837, 1838 et 1839; il résulte de leur comparaison que les acquittements pour *parricides*, qui étaient annuellement, et terme moyen, dans la première période, de 48 sur 100 accusations, n'ont plus été que de 35 sur 100 dans la seconde; que pour *infanticides* ils étaient également de 48, et qu'ils n'ont plus été en dernier lieu que de 37 sur 100; qu'ils étaient précédemment pour *assassinats* de 40, et seulement de 30 sur 100 après 1832; qu'enfin pour l'*incendie des édifices habités*, la différence a été de moitié, puisqu'il y a eu dans la première période 72 acquittements sur 100 accusations, tandis qu'il n'y en a plus eu que de 36 sur 100 dans la seconde. La répression à l'égard des grands crimes a donc été plus efficace, et si le chiffre des condamnations à mort, aux travaux forcés à perpétuité ou à temps, a été moins élevé, celui des condamnations correctionnelles s'en est accru proportionnellement.

La faculté accordée aux jurés de déclarer les circonstances atténuantes produisit promptement une amélioration si sensible dans l'administration de la justice criminelle, que, dès

1835, M. le garde des sceaux crut devoir la proclamer dans son compte rendu de cette administration. « Les jurés, disait-il, ayant maintenant un moyen légal de diminuer le châtiment des accusés qui leur semblent dignes d'indulgence, n'écartent plus arbitrairement les circonstances aggravantes, comme ils ne le faisaient que trop souvent autrefois, dans l'unique but d'atténuer la condamnation; leurs déclarations sont plus sincères, plus conformes à la vérité, et les prévisions du législateur se trouvent ainsi justifiées. »

Ce témoignage du chef de la magistrature, donné à une époque si rapprochée, est précieux à recueillir; plusieurs années d'expérience de plus l'ont confirmé sur tous les points.

Les adversaires des circonstances atténuantes leur attribuent l'augmentation du chiffre des récidives; ils prétendent que, leur admission affaiblissant la répression, les malfaiteurs sont moins retenus par la crainte d'un châtiment sévère. Il est vrai que le nombre des récidives paraît de plus en plus considérable; mais peut-on, sans injustice, attribuer cette augmentation à la modification que notre Code a reçue en 1832? Leur tendance à s'accroître n'existait-elle pas bien auparavant?

Voici des faits : l'année 1839, la dernière dont nous ayons les tableaux statistiques, offrait 1,749 récidives en matière criminelle, il est vrai; mais si on en comptait 639 seulement en 1827, ce chiffre était déjà monté à 1,429 en 1832; il avait donc plus que doublé dans ces cinq années précédentes : ainsi cette tendance à s'accroître ne peut être produite par la déclaration des circonstances atténuantes. N'est-il pas plus naturel d'en attribuer la cause : 1° à ce que les améliorations matérielles introduites dans nos maisons centrales

sous la restauration en ont fait un séjour si peu inflictif,
qu'elles n'intimident plus, et que les libérés ne redoutent
nullement d'y rentrer ; 2° à l'absence des moyens propres à
obtenir la réforme morale des détenus, d'où il résulte que la
corruption se propage, et que le libéré replacé dans la société avec de nouveaux vices, avec des besoins qu'il ne peut
satisfaire, ne tarde pas à la troubler encore ; 3° enfin, et par-
dessus tout, ne faut-il pas tenir compte aussi de ce que, par
les mesures que l'administration a prises, par l'habileté de
sa police, il lui est plus facile maintenant de constater les
récidives, qu'à l'époque où, cette habileté étant moins
éprouvée, un plus grand nombre de premiers crimes demeu-
raient ignorés?

Mais si, par un motif ou par un autre, le chiffre des récidives est de plus en plus élevé, ce serait une erreur de
croire qu'il se commet aujourd'hui plus de crimes et de
délits qu'avant 1832; les statistiques vont encore nous le dé-
montrer. Dans les cinq années qui ont précédé cette date,
36,266 individus ont été mis en accusation pour crimes, et
36,036, c'est-à-dire un peu moins dans les cinq années suivantes. Il en est de même des prévenus correctionnels : leur
nombre total dans la première période a été de 977,132 ; il
n'a plus été que de 939,870 dans la seconde, différence de
37,262 en faveur de la dernière période. Au lieu d'une augmentation dans les crimes et les délits, il y a donc eu au
contraire diminution sensible.

Nous reconnaissons que, dans quelques occasions, les
jurés ont paru admettre les circonstances atténuantes avec
peu de discernement, et que certaines de leurs décisions ont
révolté la conscience publique ; cet abus de la faculté qui

leur a été accordée est sans doute à déplorer, mais les cas en sont heureusement rares, et s'ils frappent vivement les esprits, on ne songe pas à la multitude d'accusations à l'égard desquelles les circonstances atténuantes sont admises avec une grande sagesse. En 1839, par exemple, le nombre des accusés reconnus coupables de crimes était de 4,092. Sur ce nombre, ces circonstances ont été déclarées 2,862 fois ; c'est-à-dire, à l'égard de 70 coupables sur 100 ; et ce qui démontre la prudence éclairée des jurés, c'est que les cours d'assises ont réduit la peine de deux degrés en faveur de 1,026 de ces condamnés ; que si elles ne l'ont abaissée que d'un seul relativement aux 1,835 autres, il y a lieu de remarquer qu'à l'égard des 1,297 d'entre eux, elles ne pouvaient la réduire davantage ; de sorte que c'est seulement à 539 coupables que les juges n'ont pas cru devoir appliquer le bénéfice de deux degrés, nombre restreint qui permet de supposer que dans ces cas d'exception leur appréciation a été conforme à celle du jury, et de dire, qu'en général ils se sont associés à son indulgence.

Il est résulté de là que le nombre des condamnations à mort a progressivement diminué : il n'a plus été, en terme moyen, dans les cinq années qui ont suivi 1832, que de 36 annuellement, tandis qu'il était de 102 dans chacune des années précédentes. Mais la répression, comme nous l'avons dit, a gagné en efficacité ce qu'elle a semblé perdre en énergie, et la morale publique n'a pas eu à déplorer ce grand nombre d'acquittements scandaleux qui l'affligeaient auparavant.

Voilà, Messieurs, l'effet des circonstances atténuantes ; ne reprochons donc pas au législateur de les avoir introduites

dans nos codes ; on peut en abuser comme on abuse de tout
ce qui est bien ; mais leurs avantages, justifiés par les faits,
sont immenses. Si quelquefois, et dans des occasions rares,
il s'est trouvé des jurés qui les ont admises inconsidérément,
attribuons-le à la répugnance qu'on éprouve de plus en plus
à répandre le sang, répugnance qui constate l'adoucissement
de nos mœurs et fait l'éloge de notre nation. Insensiblement
les jurés s'éclaireront, le blâme jeté sur quelques-unes de
leurs déclarations les rendra plus attentifs, et cette belle pré-
rogative, que nos lois modifiées ont mise entre leurs mains,
apparaîtra à tous ce qu'elle doit être, lorsqu'elle est judi-
cieusement exercée, c'est-à-dire, protectrice de la paix publique et de l'ordre qui doit régner dans la société.

Cette digression, Messieurs, nous était commandée par
l'importance de son objet ; car c'est la tâche, c'est le devoir
de l'Académie de dissiper les erreurs, de quelque part
qu'elles viennent, lors surtout que ces erreurs peuvent con-
tribuer à répandre le doute sur la bonté de nos lois, et par
suite à affaiblir l'autorité des décisions judiciaires.

Ce qui nous reste à dire, Messieurs, achèvera de justifier
le jugement que la section de législation vous propose de
sanctionner sur le concours que vous avez ouvert.

La réforme de nos lois pénales doit prendre sa source
dans des considérations d'un ordre si élevé ; elle est susceptible d'être envisagée sous tant de points de vue divers,
soit théoriques, soit pratiques ; ce sujet est si fécond, qu'on
doit regretter qu'il n'ait pas été envisagé avec plus d'étendue.

En se pénétrant davantage de l'état actuel de notre société,
qui est si différent de ce qu'il était en 1810, époque de la
rédaction du Code pénal, et surtout de ce qu'il était en 1790,

époque des premières réformes, peut-être serait-on arrivé à des résultats plus satisfaisants.

En effet, l'augmentation de notre population, le progrès toujours croissant de l'industrie, qui agglomèrent aux dépens des campagnes de nombreux ouvriers dans nos villes ; les besoins nouveaux, les habitudes nouvelles qui sont nés de cet état de choses ; le désir du bien-être pour toutes les classes ; cette soif de s'élever qui dans tous les rangs fait recourir à tous les moyens pour y parvenir ; ce *trop-plein* dans toutes les carrières, qui en obstrue l'entrée, et qui jette en dehors des voies licites une foule d'hommes dont l'existence devient ainsi une charge et un sujet de continuelles alarmes pour la société, et en même temps l'adoucissement incontestable et déjà signalé de nos mœurs, fruit et bienfait d'une longue paix, ce qui chez nous fait si promptement succéder à l'indignation qu'inspire le crime, l'horreur pour les châtiments trop sévères, et la pitié pour celui à qui on les inflige ; l'esprit de sociabilité qui se répand de plus en plus ; la libre discussion qui, appelée sur toutes les matières, agit si vivement sur les opinions de la multitude, et qui tend à affaiblir chaque jour davantage l'empire du préjugé, tout en relâchant aussi les liens de la subordination : voilà ce qui aurait pu être de nature à frapper les concurrents. Et si à cela on ajoute cet autre changement qui s'est opéré d'une manière si notable, je dirais presque si radicale, dans la constitution politique du pays, depuis 1814, et qui aurait dû en produire d'analogues dans nos institutions secondaires, de telle sorte que l'harmonie entre les unes et les autres a cessé d'exister ; si on ajoute enfin l'élément nouveau que le régime pénitentiaire, si simple, et cependant si puissant, va apporter dans notre système de répression, on voit de quelles idées on aurait dû se pénétrer, et à quelles considérations il aurait fallu s'élever pour traiter dignement l'importante question que vous aviez mise au concours.

Tout ce qui touche l'homme est d'ailleurs si digne de nos méditations ; l'intérêt qui s'attache à son bonheur, à sa perfectibilité, à son bien-être physique, à sa souffrance morale, à sa dégradation, et par suite à sa régénération, est si puissant, qu'en se plaçant davantage sous l'empire du sentiment que cet intérêt inspire, peut-être serait-on parvenu à trouver plus de chaleur d'âme, plus d'éloquence et d'énergie dans l'expression des vives pensées que ce sujet fait naître si naturellement.

La section de législation ne vous propose donc pas de décerner le prix aux concurrents ; mais elle est d'avis qu'il y a lieu de mentionner honorablement le mémoire n° 4, et de partager entre les auteurs des mémoires n° 2 et 5, à titre d'encouragement et de récompense seulement, la somme de 1,500 fr. mise à votre disposition.

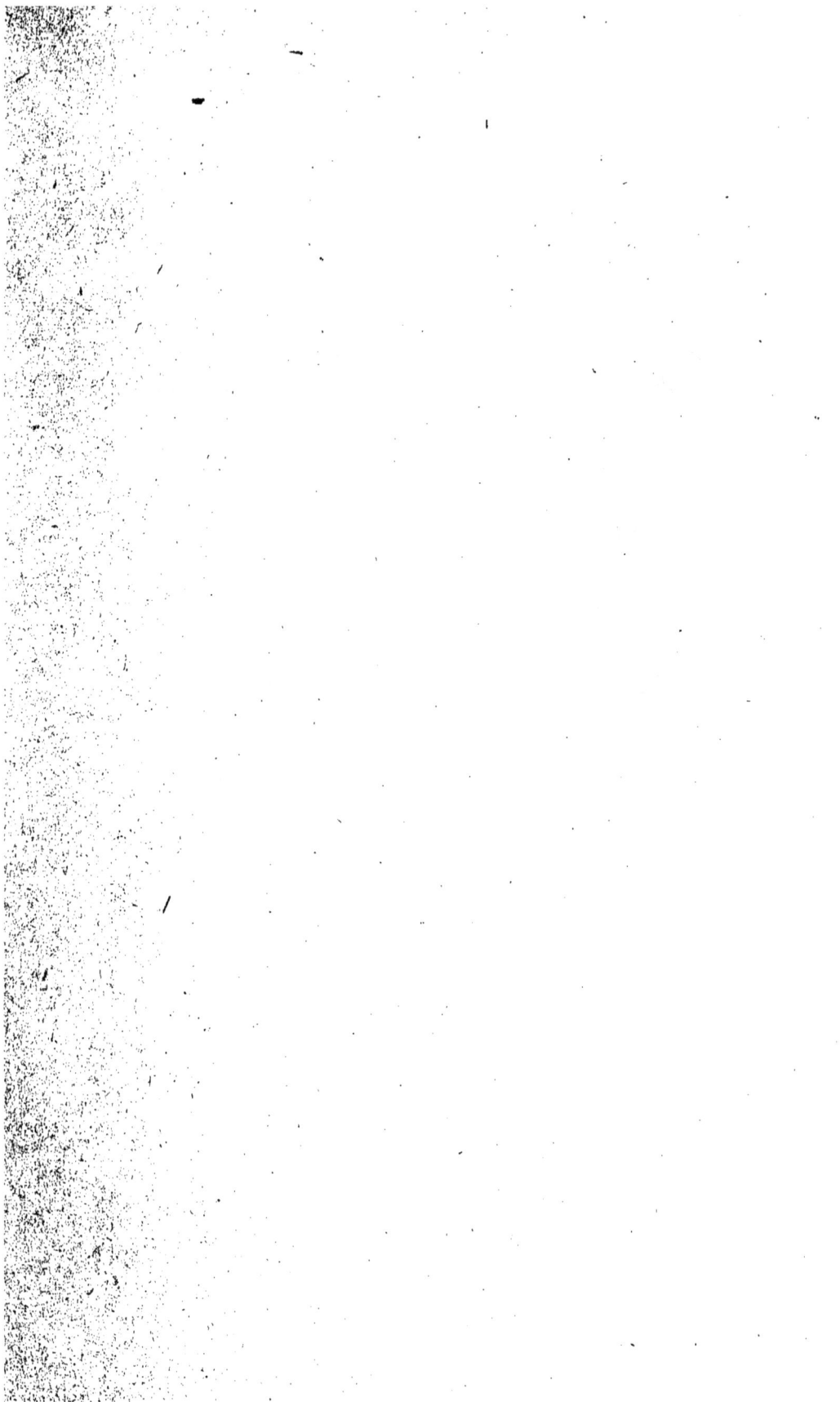